TE BIBLIOTHÈQUE

CH. MONSELET

FANTAISIES

15 CENTIMES

PARIS

L. BOULANGER, ÉDITEUR

90, BOULEVARD MONTPARNASSE, 90

FANTAISIES

LA PETITE BIBLIOTHÈQUE

CH. MONSELET

FANTAISIES

PARIS

L. BOULANGER, ÉDITEUR

90, BOULEVARD MONTPARNASSE, 90

FANTAISIES

A TOI MON CŒUR !

C'était au temps où j'étais jeune et où j'avais de la gaieté à revendre.

Je demeurais alors dans le haut du faubourg Montmartre. J'occupais un deuxième étage dont les fenêtres donnaient sur une petite cour plantée d'arbres. Ce peu de verdure, — une rareté à Paris, — suffisait à la joie de mes yeux.

Pourquoi n'y a-t-il pas de poésie sans mélange?

Hélas! ma propriétaire habitait le premier étage, au-dessous de moi.

Ma propriétaire! — C'était une femme, en effet, si toutefois ce nom peut s'appliquer à un être de cinquante-cinq ans, en robe marron, fagoté ridiculement, d'une laideur immodérée et d'un caractère exécrable

Elle demeurait avec sa fille et son gendre. Pauvres gens!

Si j'avais pris ma propriétaire en horreur, ma propriétaire, de son côté, m'avait pris en grippe.

Elle ne cessait de se plaindre du bruit que je faisais sur sa tête (calomnie)! et de l'heure indue à laquelle je rentrais (médisance)!

Cela ne pouvait pas durer longtemps.

Cela ne dura pas.

Je la voyais souvent — trop souvent! sortir de chez elle et traverser la cour. Ce spectacle m'était chaque fois désagréable.

Un matin, elle passa pendant que j'arrosais mes fleurs. Il était de très bonne heure, je croyais pouvoir me livrer impunément à cette pastorale.

Malheureusement quelques gouttes

d'eau tombèrent sur la nuque de ma propriétaire.

Elle leva vivement la tête et m'apostropha en ces termes :

— Monsieur, ce que vous faites est indécent... c'est une indignité... cela n'a pas de nom...

Bien qu'ayant parfaitement entendu, je répliquai par un :

— Plaît-il ?

Ma propriétaire répéta sa phrase, en l'augmentant et en l'ornant de gestes furibonds.

J'étais de mauvaise humeur ; c'est ce qui explique comment, haussant les épaules, je laissai échapper ces simples mots :

— Tu m'embêtes.

Suffoquée, ma propriétaire alla s'évanouir dans la loge du concierge.

*
* *

J'eus tort, j'eus mille fois tort.

On ne répond pas de la sorte à une femme, quelle qu'elle soit.

Mais que voulez-vous? J'étais dans l'âge de l'irréflexion et de la fantaisie.

Lorsque je sortis pour aller déjeuner, le concierge me dit d'un air malin :

— Qu'est-ce que vous avez donc dit à la propriétaire? Elle est dans tous ses états.

— Moi?... rien... je ne sais plus, répondis-je indifféremment.

— Attendez-vous à la visite de son gendre.

— Le sage doit s'attendre à tout, dis-je d'un ton sentencieux.

***

Je n'eus pas la visite du gendre, mais je reçus de lui un billet ainsi rédigé :

« Monsieur,

« Vous avez insulté ma belle-mère de la façon la plus grossière, paraît-il. Ne vous étonnez donc pas de recevoir demain congé en bonne forme de l'appartement que vous occupez chez elle.

« A cette signification je joins ici l'expression personnelle de mon étonnement pour votre conduite, si directement en opposition avec les usages établis parmi les gens bien élevés.

« J. Emile VÉRASOL. »

— Mauvais style ! murmurai-je ; évidemment la lettre a été écrite sous la dictée de la belle-mère.

Je répondis sur le champ :

« Monsieur,

« J'accepte avec une profonde gra—

titude le congé de madame votre belle-mère. Mais ce que je ne saurais accepter, ce sont les termes dont vous l'accompagnez, et c'est surtout l'appréciation de ma conduite. Vous trouverez donc tout naturel, à votre tour, que deux de mes amis se présentent chez vous pour vous demander des explications à ce sujet. »

**

Ce qui suit m'a été raconté par le gendre lui-même, qui est devenu plus tard un de mes amis.

Après la réception de ma lettre, il avait fait comparaître sa belle-mère.

LE GENDRE. — Ah ça ! madame, dans quelle diable d'affaire m'avez-vous fourré ?

LA BELLE-MÈRE. — Que voulez-vous dire, mon gendre ?

LE GENDRE. — Voilà maintenant votre locataire qui me provoque en duel.

LA BELLE-MÈRE. — Surcroît d'impudence !... Eh bien ?

LE GENDRE. — Eh bien ! Mais, je la trouve mauvaise !

LA BELLE-MÈRE. — J'espère que vous allez donner un bon coup d'épée à ce drôle.

LE GENDRE. — Vous espérez... vous espérez ! Je n'en vois pas la nécessité, moi. Je vous trouve surprenante!

LA BELLE-MÈRE. — Comment! lorsque ce paltoquet a insulté votre belle-mère! Cela ne vous paraît pas une raison suffisante?

LE GENDRE. — Je ne dis pas... Mais encore est-il utile que je connaisse la nature et la valeur de l'insulte qui vous a été adressée.

LA BELLE-MÈRE. — Eh quoi! vous voudriez?...

LE GENDRE. — Absolument. Ces messieurs vont venir, et il faut bien que je puisse répondre à leurs allégations, les discuter, s'il y a besoin...

LA BELLE-MÈRE. — A quoi bon discuter? Punissez!

LE GENDRE. — Permettez, belle-mère; c'est bien le moins que je sache pourquoi je vais punir... en admettant que je me décide à punir. En résumé, qu'est-ce que ce jeune homme vous a dit? Car je ne le sais pas, moi... Vous m'avez poussé à écrire cette lettre sans me mettre au courant... et je vous avoue que je commence à m'en repentir.

LA BELLE-MÈRE. — Il m'a outragée, vous dis-je!

LE GENDRE. — Bien. Bon, je comprends cela...

LA BELLE-MÈRE. — S'il vous plaît?

LE GENDRE. — Ne perdons pas de temps, belle-maman; je n'ai pas le loisir de trier mes expressions... De quels termes s'est-il servi?

LA BELLE-MÈRE. — Des plus malséants.

LE GENDRE. — Cela va sans dire. Mais encore lesquels?

LA BELLE-MÈRE. — Voulez-vous donc me forcer à rougir?

LE GENDRE. — Rougissez belle-maman, la rougeur vous va très bien. Voyons, il vous a envoyée promener !

LA BELLE-MÈRE. — Non.

LE GENDRE. — Mieux que cela?

LA BELLE-MÈRE. — Mon gendre !!!

LE GENDRE. — Ecoutez donc, vous me laissez carte blanche... J'erre dans le champ des plus abominables suppositions. Je cherche à me rappeler les grandes injures historiques. — Cet insolent vous a-t-il insultée en un *seul* mot ou en plusieurs?

La belle-mère. — En plusieurs.

Le gendre. — Diable! quelque chose de corsé, alors... N'importe, je dois être éclairé. Allez-y carrément, belle-mère.

La belle-mère. — Impossible!

Le gendre. — Voici un moyen d'épargner votre pudeur : Entrez dans mon cabinet, il y a du papier et de l'encre. Ce que vous n'osez prononcer, écrivez-le. Ah!

La belle-mère. — Oui... cela est

préférable, sans doute... et cependant...

LE GENDRE. — Quoi encore ?

LA BELLE-MÈRE. — C'est presque aussi pénible... Au moins promettez-moi de ne lire que lorsque je ne serai plus là.

LE GENDRE. — Je vous le promets ; mais entrez, entrez vite.

LA BELLE-MÈRE. — O mon Dieu ! à quelles épreuves vous me soumettez!

Elle entre dans le cabinet.

* *

Presque au même instant, mes témoins se présentaient chez M. Emile Vérasol

L'embarras du malheureux gendre avait atteint ses dernières limites. Au début de l'entretien il s'esquiva une minute pour aller voir ce que sa belle-mère avait écrit dans son cabinet; il ne trouva que cette ligne sur une feuille de papier : *Oh! non, je n'oserai jamais! Emile, ne l'exigez pas!*

Ahuri, il revint en balbutiant de vagues paroles à ces messieurs, et en leur promettant de les aboucher le jour même avec deux de ses amis.

Je ne lui en laissai pas le temps. J'eus pitié de ce pauvre homme, et je lui écrivis pour la dernière fois :

« Monsieur,

« D'après la conversation que MM..... ont eue avec vous, il m'a paru que vous ignoriez entièrement les termes de ma prétendue offense envers madame votre belle-mère. Laissez-moi vous renseigner là-dessus. A des apostrophes dont je serais en droit, moi aussi, d'être profondément blessé, j'ai répondu par ces mots, irrespectueux, j'en conviens, mais exclusivement enjoués : *A toi mon cœur !*

« Ces mots, je suis prêt à les retirer, pour peu que vous le désireriez.

« *A toi mon cœur !* n'existe plus.

« *A toi mon cœur !* n'a jamais existé.

« Qu'est-ce qui a donc pu soutenir que quelqu'un avait dit : *A toi mon cœur !*

« Ce n'est pas moi, je vous l'affirme.

« Agréez, monsieur, mes salutations les plus empressées. »

.˙.

Lorsque M. Emile Vérasol communiqua cette lettre à sa belle-mère, la figure de celle-ci revêtit en moins d'une seconde plusieurs expressions diverses.

— S'il en est ainsi... murmura-
t-elle après avoir lu :

Et elle ajouta :

— C'est singulier ! Il m'avait pourtant bien semblé avoir entendu...

— Quoi, belle-mère?

— Rien, mon gendre.

..... La nuit qui suivit ce jour, les
esprits qui veillent au chevet de ma
propriétaire purent surprendre avec
étonnement les péripéties incohé-
rentes d'un rêve ou revenaient sans
cesse, en alternant ces deux phrases
si différentes : *A toi mon cœur!* et :
Tu m'embêtes!

LA PROCESSION

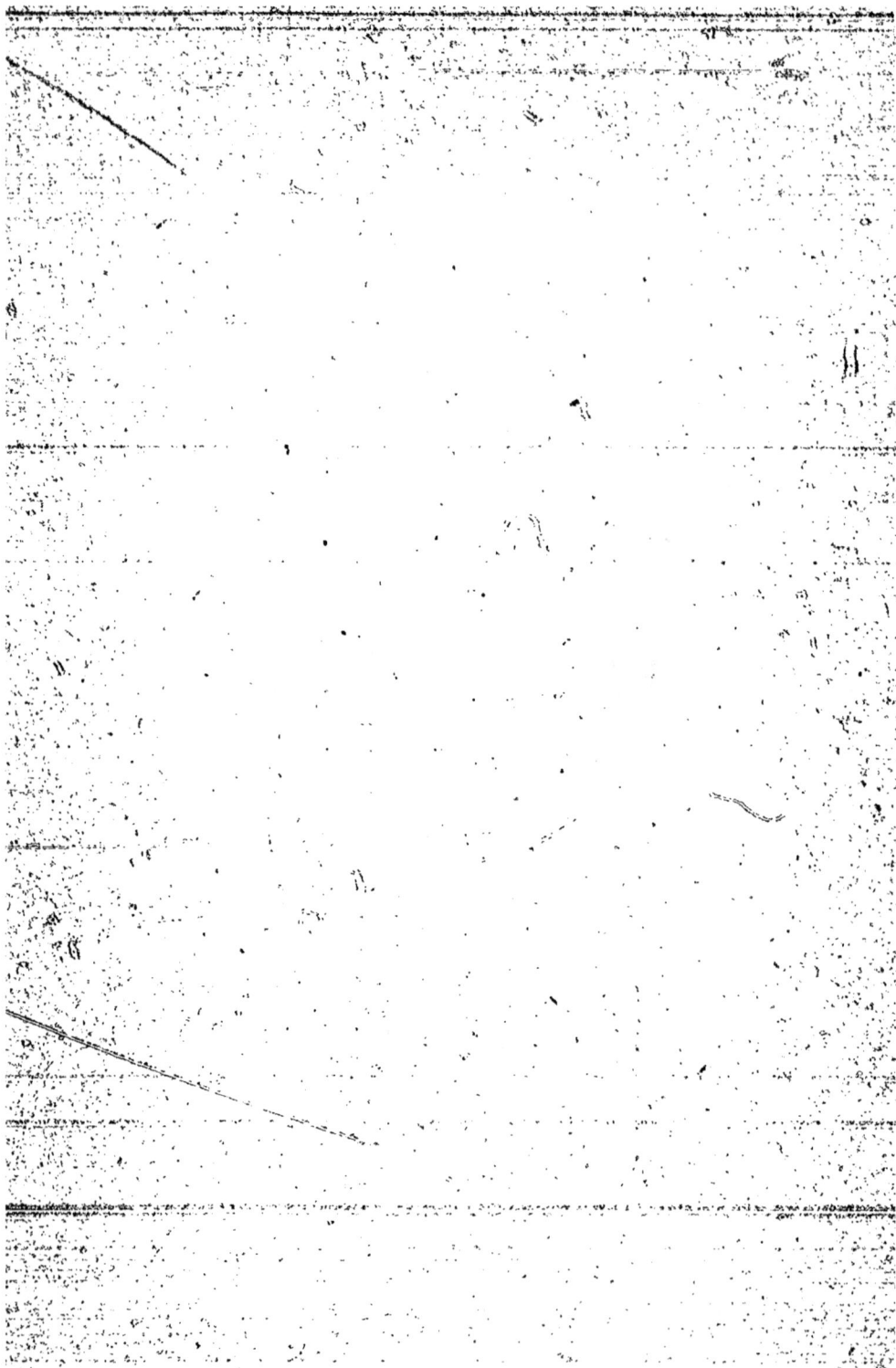

LA PROCESSION

L'évêque était dans son église.

Les orgues jouaient, les cierges brillaient. Des encensoirs d'argent balancés par des enfants rouges répandaient une vapeur enivrante. Mille voix, la plupart argentines, s'unissaient dans un seul cantique. Au dehors, les cloches sonnaient à toute volée.

La procession se préparait à sortir.

Elle se déroulait déjà sur une double haie de jeunes filles et de jeunes garçons ; les bannières aux riches couleurs s'agitaient dans l'air ; les gros chantres marchaient en cadence, faisant mugir de respectueux tonnerres dans leurs vastes poitrines. Puis venaient les membres du chapitre, solennels, et parmi lesquels on distinguait plus d'un front extatique ou imposant. — Mais personne n'était plus beau que l'évêque.

Sous un dais de velours pourpre, orné de panaches de plumes et porté par quatre lévites entièrement vêtus de blanc, sous ce dais incrusté de

pierreries et dont les glands étaient
tenus par des personnes considé-
rables, — l'évêque s'avançait, enve-
loppé d'une chape étincelante, moitié
or et moitié dentelles. Il s'avançait
lentement, gravement, la tête haute,
livrant à l'air tiède et sacré les
boucles grisonnantes de ses cheveux.
Il s'avançait dans cette gloire, dans
ce nuage, dans cette musique.

Il était beau ainsi, je vous le
jure.

Les portes de l'église s'étaient ou-
vertes avec fracas pour laisser passer
la procession.

Tout à coup, un événement extraor-
dinaire se produisit.

L'évêque s'arrêta brusquement, et
toute la procession avec lui.

Il venait de se rencontrer face à
face... avec qui ?

Avec un chien.

Moment de stupeur !

*
* *

Ce chien était là, candide, étonné,
l'œil doux, les oreilles remuantes,
calme comme quelqu'un qui se sent
dans son droit.

Et il l'était, en effet. Il l'était de
par le proverbe : *Un chien regarde
bien un évêque.*

*
* *

Ce proverbe, qui court les rues depuis un temps immémorial, la queue et la vérité en trompette, renferme un fragment précieux de la sagesse des nations.

Il est évident que l'auteur de ce proverbe, — demeuré inconnu comme tous les auteurs de proverbes, — a voulu rendre, dans l'image la plus saisissante que son cerveau ait pu lui fournir, ce qu'il y au monde de plus humble et de plus superbe.

De plus humble, de plus rampant, de plus pauvre, de plus nu, de plus sincère : — le chien.

De plus superbe, de plus haut, de plus étoffé, de plus chamarré, de

plus regardé, de plus escorté : —
l'évêque.

Médor et monseigneur.

Notez bien que rien n'empêchait
l'auteur du proverbe de choisir un
général.

Non ; il a préféré l'évêque, dont le
costume lui a paru plus exorbitant.

Ensuite, cela posé, il a affirmé
pour le chien le droit suprême de
regarder face à face le prélat.

Et tant qu'il y aura sur terre des
évêques et des chiens, ceux-ci auront
éternellement le droit de regarder
ceux-là.

Puérile satisfaction !

Le véritable progrès serait de for-

cer les évêques à regarder un peu
plus les chiens.

Cependant la procession s'était peu
à peu remise de son émoi.

Un suisse aussi majestuéux que
Louis XIV, et dont un resplendissant
baudrier barrait tout le ventre, avait
croisé sa pique contre le chien ma-
lappris, — lequel avait été immédia-
tement appréhendé au col par des
agents de l'autorité et conduit en
fourrière, ce qui est la prison des
toutous.

Cela prouve que si l'on peut regarder un évêque, ce n'est pas toujours
impunément.

Le pieux cortège reprit alors sa

marche autour de l'église, — car on
sait qu'à Paris il est enjoint au clergé
de se renfermer dans cette limite.

Mais il était écrit que la procession devait, ce jour-là, essuyer une
seconde avanie.

Au tournant extérieur du chœur,
une espèce de mendiant, de porte-
besace, se tenait négligemment ados
sé à une colonne. On avait fait inu-
tilement plusieurs efforts pour le
déloger de là. Le Thomas Vireloque
n'avait pas la physionomie commode
et prétendait garder sa place au
grand air.

Il regarda venir à lui ce flot hu-
main, qui chatoyait et qui chantait;

— et une grimace égaya pour une minute les broussailles de sa face.

Le dais magnifique effleura le mendiant, au point de lui faire sentir le vent des quatre panaches. L'évêque, distribuant sa bénédiction devant lui, passa, resplendissant — mais n'ayant eu le temps d'entendre ces mots murmurés par le mendiant :

— *Crosse d'or, évêque de bois !*

Un autre proverbe.

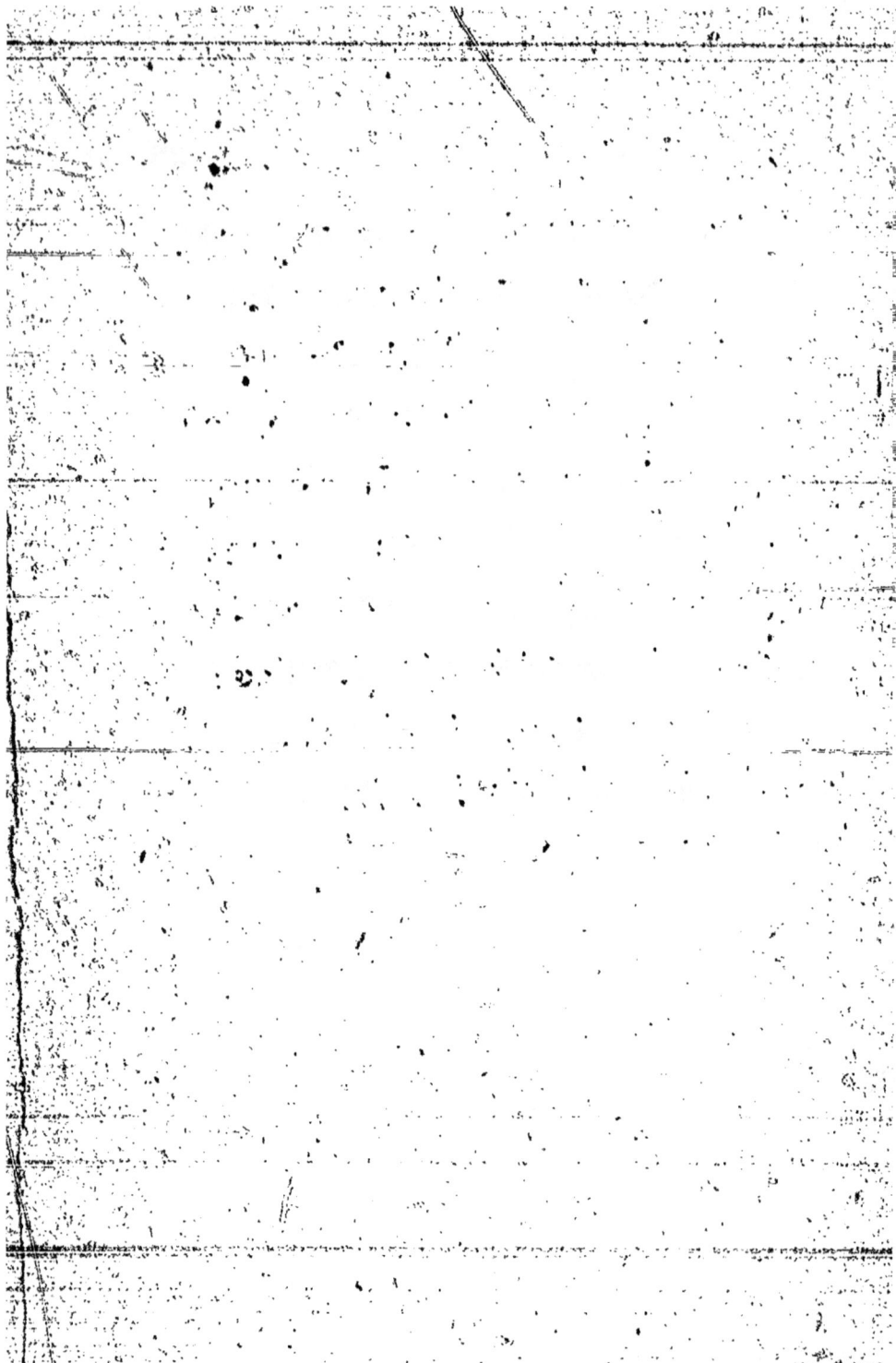

LE TSIGANE

ET LA GRANDE DAME

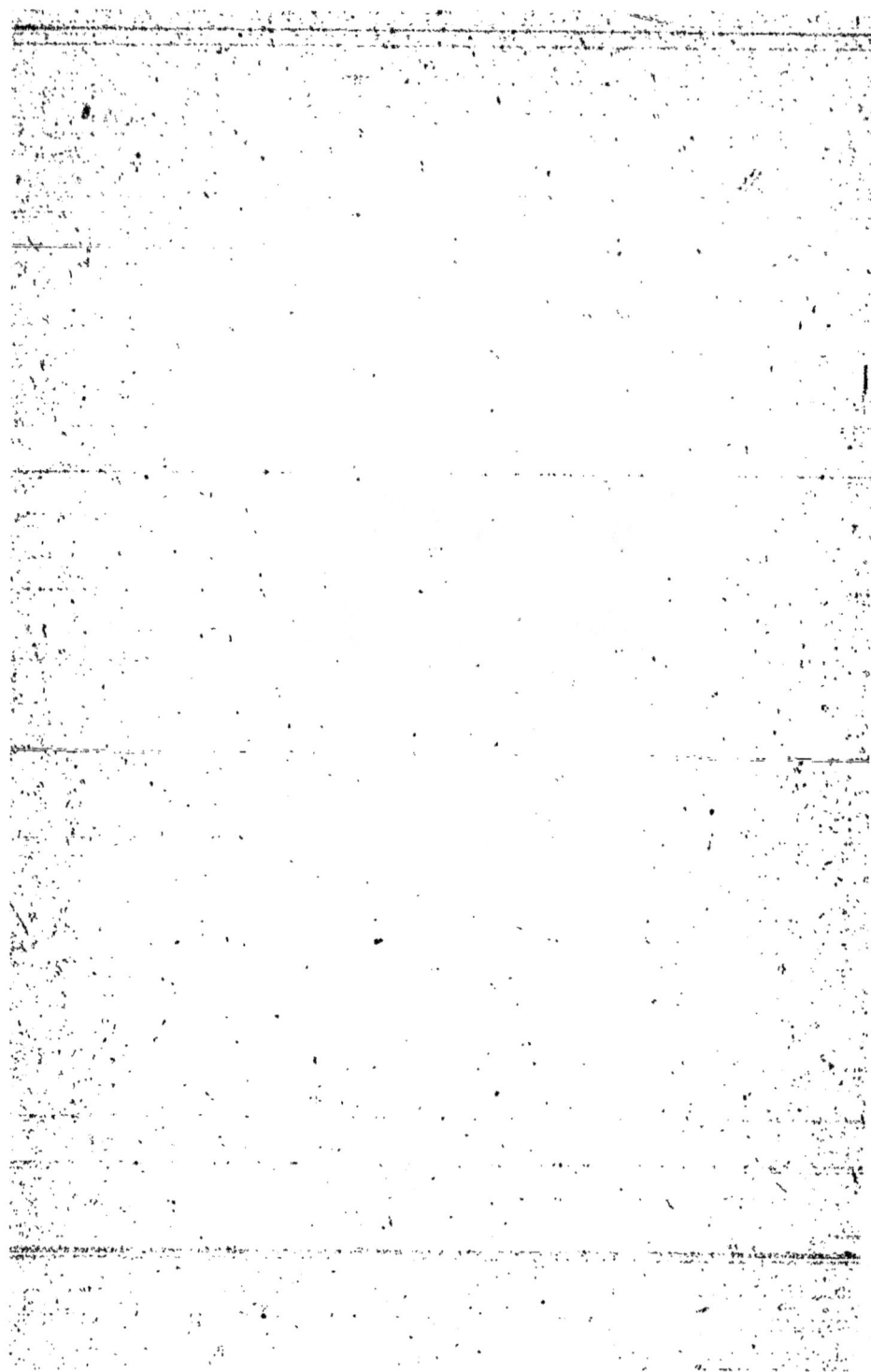

LE TSIGANE ET LA GRANDE DAME

———

Il fallait le voir se démener avec son violon, — dans une des brasseries qui avoisinent l'Exposition, — lui douzième au milieu d'un orchestre de musiciens tsiganes !

Serré dans sa tunique aux arabesques de passementerie, l'œil ardent, le teint basané, les cheveux en flamme de punch, il était superbe à

contempler, surtout lorsqu'il jouait
le Beau Danube bleu. Plus d'un regard
de femme s'était souvent arrêté sur
lui en ces moments-là...

Aussi ne s'étonna-t-il pas outre
mesure de recevoir un jour une lettre
ainsi conçue :

« Monsieur,

Pouvez-vous venir demain, à minuit, en mon hôtel de la rue du Colisée, nº ...?

Arrivez en costume (le collant et
les bottes), et ayez votre violon.

Il y aura quinze louis pour vous.

COMTESSE DE H... »

P.-S. — Mon valet de pied doit me rapporter votre réponse. »

Le Tsigane sourit vaporeusement et il répondit au valet, qui s'était frayé un passage jusqu'à l'orchestre et qui attendait respectueusement, le chapeau à la main :

— *Ch'irai !*

Puis, surexcité par cette aventure, il attaqua avec une furie endiablée une grande fantaisie sur une romance hongroise dont voici le refrain :

Ne crains pas, ô jeune fille,
O jeune fille, de m'enfoncer
Tes éperons de cuivre jusque dans le cœur !

* *

Le lendemain, minuit sonnant, le Tsigane se présenta à l'hôtel de la rue du Colisée.

Il fut guidé par le même domestique de la veille à travers plusieurs corridors mystérieusement éclairés, — aboutissant à un merveilleux boudoir où se trouvait la comtesse, à demi-couchée sur une pile de carreaux.

Arrivé là, le valet salua et se retira.

La comtesse, ayant saisi son lorgnon, le braqua sur le Tsigane.

Celui-ci laissa tomber le manteau qui le recouvrait et apparut orné de tous ses avantages.

Le collant allait à ravir, les bottes

s'ouvraient en cœur au-dessous du genou. Sur la poitrine, des brandebourgs à profusion, une orgie de brandebourgs !

Il tenait son violon sous le bras, comme un autre Apollon.

L'examen assez long que la comtesse fit du Tsigane fut sans doute tout à son avantage, car elle murmura en se soulevant :

— C'est cela... c'est très bien.

De son côté, le Tsigane dévorait des yeux la grande dame, qu'il trouvait belle à souhait. En conséquence, il jugea qu'il était de bon goût de ne pas lui laisser plus longtemps prolonger les avances, — et, par un mou-

vement théâtral très correctement
dessiné, il se précipita à ses genoux.

La comtesse eut un petit cri.

Puis elle se mit à rire.

— Ah! madame, s'écria le Tsigane,
tout à son idée, s'il m'était permis de
croire à mon bonheur!

— A quel bonheur, mon cher?...
au bonheur de venir jouer du violon
dans mon appartement? Croyez-y, si
cela vous fait plaisir... Allons, rele-
vez-vous et commencez. Vous n'êtes
pas banal, du moins, ajouta-t-elle en
se reprenant à rire.

— Que je commence? répéta le
Tsigane ahuri.

— Oui, ramassez votre archet.

Il obéit machinalement.

— Reprenez votre violon.

— Le voilà.

— Et disposez-vous à exécuter les meilleurs morceaux de votre répertoire.

— Volontiers, madame la comtesse.

Le Tsigane reprenait contenance peu à peu.

— Y êtes-vous ? demanda-t-elle.

— Oui.

— Adieu, dit-elle en se disposant à soulever une portière en tapisserie.

— Comment, adieu ! vous vous retirez, madame ?

— Certainement. Mais que cela ne vous empêche pas de jouer.

— Tout seul?

— Tout seul... Oh! nous vous entendrons tout de même, monsieur le comte et moi.

— Monsieur le comte?

— Notre chambre à coucher est à peu de distance de cette pièce. Le son y arrive très doux et très distinct. Cela doit être charmant d'écouter ainsi le *Beau Danube bleu*... c'est un essai que nous voulons faire... Nous sommes Français, tous deux, le comte et moi... la curiosité... l'étrangeté... Lorsque nous jugerons que vous êtes las, nous vous ferons avertir par le valet de chambre. Bonsoir, monsieur.

— Bonne nuit, madame la comtesse !

Et étouffant un soupir, le Tsigane, demeuré seul dans le boudoir qui avait vu l'écroulement de ses rêves d'amour, se mit à jouer le *Beau Danuble bleu.*

⁂

Au *Beau Danuble bleu* il fit succéder le *Joli coteau vert;* aux valses il fit succéder des mazurkas, des sérénades, des berceuses, des polonaises. Il jouait avec rage, battant fiévreusement la mesure avec son pied sur le tapis.

Ce que durent être ses pensées pendant un tel exercice, je le laisse à deviner.

Au bout d'une demi-heure, qui lui avait paru un siècle, le Tsigane vit entrer le valet de chambre, portant sur un plateau une bouteille de vin de Champagne et des sandwichs.

— Voici ce que madame la comtesse vous envoie... dit le serviteur en posant le plateau sur une petite table.

— Merci, mon ami.

— Sans compter ceci, ajouta-t-il en mettant une bourse dans la main du musicien.

Et le domestique grommela entre ses dents :

— Ah! voilà de l'argent facilement gagné! Vous pouvez vous en vanter!

— Vous trouvez, vous! dit le Tsigane ironiquement.

Le valet de chambre s'était emparé du violon et l'examinait.

— Un sabot! dit-il avec mépris.

— Mon violon! s'écria le Tsigane vexé.

— Et vous en avez joué comme un vrai massacre... je ne vous l'envoie pas dire.

— Bah! un confrère?... dit le Tsigane.

Et prenant le domestique par le bras:

— Vous ne me refuserez pas de

boire un verre de champagne avec moi?

— Tout de même... Mais quant à ce qui est de votre musique, je garde mon opinion.

— Vous êtes sévère.

Ils avaient trouvé des coupes, ils s'étaient assis.

— Tenez, voulez-vous que je vous dise? fit tout à coup le valet de chambre.

— Eh bien?

— Vous êtes un farceur.

— Permettez!

— Vous n'êtes pas un Tsigane... vous n'avez jamais été un Tsigane.

— Chut!!! dit le violoniste, effaré.

— C'est moi qui suis un Tsigane.

— Comment, vous? en voilà bien d'une autre!

— Et un vrai. Seulement j'ai opté. La livrée me rapportait plus que l'art.

— Moi, c'est le contraire. Avec mon costume hongrois, je gagne ce que je veux à l'exposition... tandis qu'avec un veston français je ne gagnais pas un radis à l'Eldorado.

— Pitié! pitié! dit le valet exotique, levant les yeux au ciel.

— Que voulez-vous? la magie des brandebourgs! Tout est là.

— Un sandwich, s'il vous plait?

— Voilà... Ah! mon Dieu! est-il

possible? vous, un Tsigane? un vrai
Tsigane?

— Tu vas voir. Fais-moi passer ton
parapluie.

— Quel parapluie?

— Ton violon, parbleu! je vais t'en
jouer, moi.

— A ta santé, d'abord.

— A la tienne! Qu'est-ce que tu
veux que je te joue? demanda le valet de chambre.

— Eh bien!... le *Beau Danube bleu*.

— J'en étais sûr! dit-il en haussant les épaules; le pont aux ânes!

— Je t'écoute.

Le valet de chambre empoigna
l'instrument et en tira des accords

que son rival n'hésita pas à qualifier
de célestes en dépit de son humilia-
tion.

*
* *

— Tiens! votre Tsigane qui recom-
mence! dit le comte à la comtesse.

— Il est très consciencieux, en vérité. Il nous en donne pour notre
argent. Est-ce que cela vous gêne,
mon ami?

— Pas du tout. Et vous, chère
comtesse?

— Aucunement. On n'a pas tous
les jours de ces gens singuliers sous
la main.

Et, quelques instants après, la comtesse s'endormait en murmurant :

— Il n'est pas banal, du moins, ce garçon... pas banal... pas banal...

HOBEREAUX

HOBEREAUX

―――――

J'ai bien envie de vous raconter la façon triomphante et machiavélique dont un de mes amis et moi nous sommes devenus propriétaires d'un compartiment tout entier de chemin de fer. »

Au départ de Poitiers, nous faisions assez triste figure cinquième et ixième dans ledit compartiment.

Au besoin, cependant, nous aurions pris notre mal en patience; — mais le hasard avait voulu que nos voisins fussent les plus insupportables et les plus sottes gens du monde.

Imaginez-vous un quatuor de hobereaux, deux hommes et deux femmes, — les hommes puissamment insignifiants, les femmes parfaitement laides, mais de cette laideur arrogante qu'on ne pardonne pas.

Les hommes appelaient une de ces femmes *madame la baronne;* les femmes appelaient un de ces hommes *monsieur Eleuthère.*

Les uns et les autres étaient environnés de colis de toute sorte : sacs de nuit, couvertures, malles, valises, coffrets. Ils en avaient sur la tête, sous les pieds, sur les genoux, à côté d'eux, partout. — Et l'on se moque des Anglais !

Pourtant, tout cela n'aurait rien été sans la conversation de ces indigènes.

Oh ! leur conservation !

Quelque chose de bruyant, de plus que bruyant, de criard, de faux, de suraigu, de croisé et d'entre-croisé ; — un flot de banalités, un déluge de lieux communs, un torrent de réflexions saugrenues, incongrues ; — des confidences hors de propos, des plaisanteries plus lourdes que l'air,

suivies d'interminables et convulsifs
éclats de rire.

Jugez de ce que nous devions souffrir, mon ami et moi !

*
* *

Du reste, ce quatuor impertinent ne
paraissait pas s'apercevoir de notre
présence.

Le wagon semblait être à eux ; ils
voulaient bien nous tolérer, voilà
tout.

On ne nous regardait jamais.

Madame la baronne avait des pré-
tentions au bel esprit : de l'Octave

Feuillet rance, du Sandeau éventé, des mines, des clignements d'yeux, des contorsions.

Elle était fortement applaudie par *monsieur Eleuthère*, — un oison de la plus belle venue.

Voici quelques bribes de leur conversation qui ont surnagées dans ma mémoire.

LA BARONNE. — Monsieur Eleuthère?

ELEUTHÈRE. — Madame la baronne?

LA BARONNE. — Vous devriez bien recommander à Valentine de ne pas grasseyer autant qu'elle le fait.. Vrai, c'est un service à rendre à cette chère petite, qui n'est pas mal, d'ailleurs,

malgré ses épaules un peu rentrées...
Je parlais d'elle l'autre jour encore
à son oncle, M° Lefaivre...

ELEUTHÈRE. — M° Lefaivre, qui
demeure sur la place, n'est-ce pas ?

LA BARONNE. — Oui... à deux pas
des Vieuxchamps... avec lesquels ils
ne se voient plus, d'ailleurs... Il paraît
que M° Lefaivre... Oh ! c'est toute
une histoire...

ELEUTHÈRE. — Le beau-frère de
Savignac, je crois, n'est-il pas vrai,
madame la baronne ?

LA BARONNE. — Vous n'y êtes pas...
Savignac a épousé une cousine des
Broux de Saint-Tiste... Une sans le
sou... qui a eu toutes les peines du

monde à se faire recevoir dans la famille Caulinau.

ELEUTHÈRE. — Caulinau-Verdon?

LA BARONNE. — Non, Caulinau-Souplet... Vous ne savez rien de rien aujourd'hui, mon cher Eleuthère... D'où sortez-vous donc? (*Elle rit*).

ELEUTHÈRE, *riant aussi*. — Excusez-moi, madame la baronne.

TOUS LES QUATRE, *riant*. — Ah! ah! ah! ah!

*
* *

Nous nous regardions, mon ami et moi.

Au bout de deux heures, notre

ahurissement avait été remplacé par une rage concentrée.

Agacés, énervés, enfiévrés, nous n'avions plus qu'une idée : la vengeance.

Notez qu'à chaque station ces bélîtres repoussaient fort brusquement les voyageurs en quête d'une place.

— Tout est occupé ! disaient-ils en refermant la portière.

Mon ami et moi nous nous comprîmes.

Nous dûmes souffrir encore pendant une heure leurs éclats de voix et leurs insipides *potins*.

Aux Eglisottes, arrêt du train.

Une bonne figure se montre à la portière.

— Y a-t-il une place ? demanda-t-elle.

— Non ! répondent comme toujours nos voisins.

— Pardon ! m'écriai-je ; il y en a deux... Montez, monsieur.

— Merci, monsieur, dit le nouveau venu en opérant son ascension au milieu des bagages.

Cela avait été un coup de foudre.

Les quatre hobereaux, qui ne nous avaient point jusque là honorés d'un regard, se tournèrent ensemble vers moi avec un air d'indignation.

J'étais souriant.

— Vous êtes seul, monsieur? dis-je au survenant.

— Oui, monsieur.

— Tant pis... on tient huit fort aisément, ajoutai-je.

Les quatre hobereaux étaient devenus muets de courroux.

Leurs yeux lançaient des flammes.

*
* *

Ce n'était pas suffisant pour notre vengeance.

Nous avions écouté, nous voulions être écoutés à notre tour.

Sur le champ, sans laisser à nos ennemis le temps de se reconnaî-

tre, nous nous emparâmes de la
conversation; et comme ils avaient
fait précédemment, criant, gesticu-
lant, nous commençames un entretien
à faire dresser les cheveux sur la tête.

Lui, *hurlant*. — Y a-t-il longtemps
que tu as vu Mélanie ?

Moi, *au diapason*. — Quelle Mélanie? Mélanie-roseau, ou Mélanie-
fond-de-bouteille?

Lui. — Mélanie-fond-de-bouteille,
celle qui était avec Gustave.

Moi. — Elle n'est donc plus avec
lui?

Lui. — Depuis deux mois. Elle ai-
mait trop à faire la noce. Elle a lâché
Gustave de deux crans.

a

Moi. — Pour aller avec qui?

Lui. — Je ne sais pas... René peut-être... C'est une belle fille?

Moi. — Je crois bien!

Lui. — Un corps de Vénus!

Moi. — Si elle avait pu se tenir, son affaire aurait été vite faite...Paul voulait lui acheter un magasin de parfumerie dans un passage.

Lui. — Comme à Mathilde.

Moi. — Mais il y a des femmes qui ne sont nées que pour être cocottes.

Lui. — Elle a la nostalgie de Mabille.

Moi. — Si tu disais de Bullier

Nos ennemis étaient vaincus.

Effarés, hagards, bouche close, ils

nous regardaient et nous écoutaient, pleins d'épouvante.

Nous continuions toujours, sans prendre garde à eux; et notre conversation, que nous étions décidés à ne plus interrompre, atteignait quelquefois aux plus périlleux sommets de l'audace permise.

Nos fadaises étaient la revanche de leurs stupidités.

Ils nous avaient fatigués, nous les écrasions maintenant.

Ils comprirent sans doute, car, — sans chercher à protester d'une manière ou d'une autre — à la station suivante ils se hâtèrent de rassembler leurs bagages et d'aller se réfugier dans un autre wagon.

Madame la baronne suffoquait.

Eleuthère était cramoisi.

***

Sur ces entrefaites, le digne voyageur que nous avions recueilli nous ayant quittés un peu plus loin, mon ami et moi nous demeurâmes maîtres du compartiment dont la conquête avait été un moment douteuse, — et, à dix heures et demie du soir, nous faisions notre entrée triomphale à Bordeaux.

RANCUREL

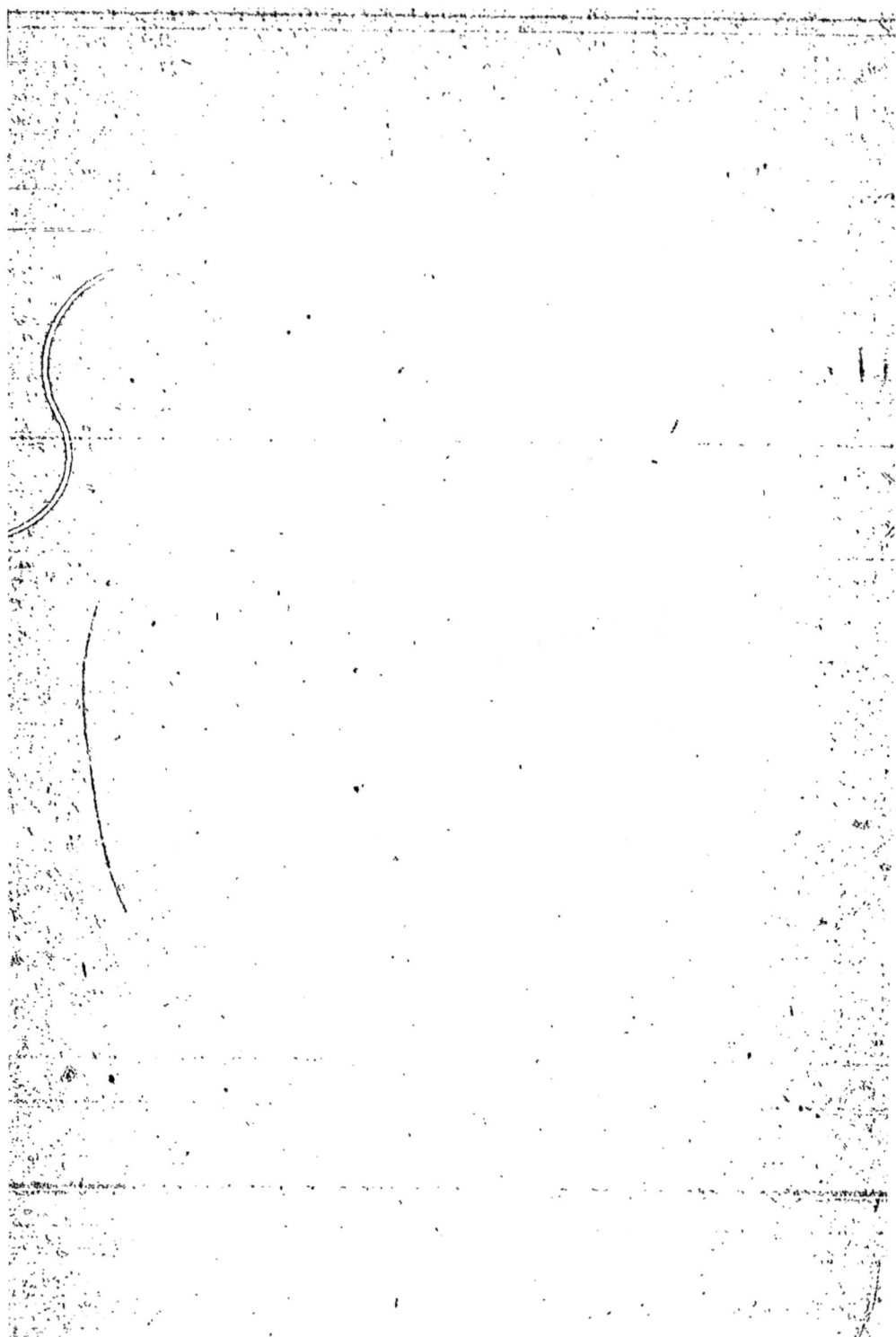

RANCUREL

« Le 25 janvier dernier, la demoiselle Serré contracta mariage avec le
sieur Rancurel.

« Elle était âgée d'environ dix-sept
ans.

« Elle eut le malheur de ne rencontrer en lui que l'ombre d'un véritable époux... »

Ainsi commence un Mémoire du

célèbre Portalis sur une *Demande en cassation de mariage pendante au Parlement de Provence*, en 1787.

En ce temps-ci, où s'étalent tant de procès scandaleux, monstrueux, pour excès et abus de puissance érotique, il m'a paru intéressant de rappeler un procès tourné dans le sens contraire.

« De tels procès, dit Portalis en son exorde, sont dans certaines sociétés l'objet de frivoles plaisanteries. »

Je le crois bien !

Et même ce mémoire, qui est le travail le plus complet sur la matière, le plus approfondi, le plus moral, le plus décent surtout, est une source de gaieté involontaire.

« Les lois, ajoute Portalis, n'ont fixé aucun terme pour l'exercice de l'action en insuffisance conjugale. Les Canons permettent à la femme de se plaindre *après un mois.* »

Un mois ! Les Canons donnent un mois à l'époux, cinq semaines peut-être. Les voilà bien là, ces Canons, toujours impétueux, toujours prêts à cracher, à éclater. Qu'est-ce que les Canons viennent faire là-dedans, je vous le demande ?

* *

Le sieur Paul Rancurel avait quarante-sept ans lorsqu'il demanda la main de mademoiselle Louise Serré, une des plus jolies personnes de la ville d'Aix.

Si ce n'avait été que la main !

Quarante-sept ans ! un bel âge assurément, l'âge des possibilités, sinon des prouesses.

Et cependant, au bout de trois mois, — deux mois de plus que n'accordent les fameux Canons, — mademoiselle Serré faisait entendre des murmures qui, bientôt favorisés par une mère inquiète, se répandaient au dehors. La famille était assemblée et consultée. Un esclandre parut désastreux.

Laissons parler le Mémoire :

« Sur ces entrefaites un Conseil, aussi sage qu'éclairé, proposa à Rancurel un nouvel essai, en l'assurant que toute action judiciaire serait suspendue et que, s'il le jugeait utile, on prorogerait encore la cohabitation pendant six mois. La proposition était honnête. »

Rancurel commença à la trouver mauvaise. L'intervention de sa belle-mère surtout lui portait singulièrement sur les nerfs.

Dans le fond, c'était un timide... Vous rappelez-vous ce personnage de la *Sensitive*, représenté par Hyacinthe? Chacune de ses entrevues avec sa femme est traversée par un contretemps. Trois ou quatre fois, dans le cours de la pièce, Hyacinthe commence sa phrase sacramentelle :

— Enfin, nous voilà donc seuls, ma chère Léonie...

Mais, à cet instant, la pendule se met à sonner, ou un meuble tombe avec fracas, ou une rumeur se fait entendre dans la campagne. Alors Hyacinthe perd tous ses moyens.

Je sais maintenant où Labiche a trouvé le personnage de la *Sensitive* : c'est dans le procès Rancurel.

Car il y eut procès.

La demoiselle Serré, plus demoiselle que jamais, lasse de l'impertinent *statu quo* de son mari, irritée de le voir ignorer ou feindre d'ignorer *ce que la nature apprend à tout ce qui respire* (ce sont les termes poétiques du Mémoire), se pourvut publiquement par devant l'Official diocésain de la ville d'Aix à l'effet de faire casser son mariage.

Ce jour-là, il y eut bien des rires étouffés sur les promenades et bien des caquetages devant les portes.

La première chose que fît l'Official diocésain, ce fut d'ordonner une expertise et de nommer des experts, comme s'il se fût agi d'un tableau ou d'une statue à examiner. Il y avait bien quelque chose comme cela, plutôt de la statue que du tableau.

Un matin donc, deux messieurs scrupuleusement vêtus de noir se présentèrent chez Rancurel et insistèrent pour être introduits auprès de lui, malgré l'heure matinale.

Il était encore dans son lit.

— Ça n'y fait rien, dit le premier expert à la domestique.

— Au contraire, ajouta le second.

— Qui diable vous amène à cette heure? leur demanda Rancurel en se dressant sur son séant.

— Nous reconnaissez-vous ?

— Parbleu! Vous êtes M. Cortasse, médecin, et M. Roccas, chirurgien; mais cela ne m'apprend pas...

— Vous allez tout savoir.

Et ces messieurs lui expliquèrent la délicate mission qui leur était confiée.

Il est à supposer que le front de Rancurel s'empourpra d'une légère rougeur subite. Il eut d'abord une envie violente de flanquer les deux experts à la porte, mais il se contraignit et se contenta de les prier, « étant profondément troublé par leur visite », de revenir une autre fois.

Rancurel était dans son droit,

le Mémoire Portalis en convient

« L'homme qui doit recevoir des experts est maître du temps, du jour, de l'heure de cette visite. Si d'abord son imagination est affectée, il peut renvoyer la séance et se ménager tout le loisir convenable pour rassurer son esprit et ses sens. Il est le maître de multiplier les séances. Les experts se rendent auprès de lui quand il le veut. Ils ne paraissent en sa présence que quand il l'exige. Ils sont dans l'appartement qu'on leur indique. »

Impossible d'être plus accommodant.

Le pauvre Rancurel, si vexé qu'il

fût, dut se résigner à une deuxième visite de MM. Cortasse et Roccas, et même à une troisième.

Ici se place la *scène à faire*. J'y renonce. Et c'est dommage au point de vue de l'élément comique.

.

Ces deux visites, il faut l'avouer, furent tout au désavantage de Rancurel. Rancurel en trouva la raison dans la présence même des experts.

— Que ne m'offrait-on aux yeux des objets plus agréables ? dit-il.

On ne peut s'empêcher de partager la manière de voir de Rancurel. Un expert, si aimable qu'il soit, n'est guère fait pour monter une imagination prévenue.

Dans cette circonstance, devine-t-on comment agit l'Official diocésain?

L'Official fut grand comme le monde : il nomma de nouveaux experts ; il remplaça MM. Cortasse et Roccas par MM. Tabary et Bouisson. Dès lors, nouvelles visites. On ne l'escompte plus. Les nouveaux experts sont toujours fourrés chez Rancurel : le 10 décembre, à dix heures du matin ; le 12, à cinq heures du soir ; le 14, sur les deux heures de l'après-midi ; le 16 et le 19, à la même heure. Cela devait être horriblement fatigant.

Même pendant l'absence de Rancurel, ils se présentaient à son logis, par habitude.

— M. Rancurel ? demandaient-ils machinalement.

— Il n'y est pas, leur répondait-on.

— Ah ! tant pis !

— Faut-il l'informer de votre visite?

— Oh! ce n'est pas la peine... Nous venions voir s'il y avait quelque chose de nouveau.

Et les experts allaient faire un tour sous les arbres du Cours.

Exaspéré, Rancurel avait fini par mettre tous les torts sur le compte des « froideurs » de sa femme. Cela changeait entièrement la physionomie du procès ; le point de vue se déplaçait.

Et puis, la belle-mère devait être si furieuse !

Enfin, le 15 juillet 1786, M. l'Official rendit une sentence par laquelle il déclara le mariage valable, ordonnant que la « dame Louise Serré rentrera dans la maison du sieur Paul-Elzéar Rancurel, son mari, pour y habiter avec lui, *en se traitant mutuellement, doucement et maritalement,* si mieux n'aiment les parties que ladite dame Serré soit séquestrée chez quelqu'un de ses parents ou

amis dont elles conviendront, chez
lequel son dit mari aura la faculté de
la voir le jour et la nuit, laquelle cohabitation *sera durant trois ans con-
sécutifs...* »

Etonnant, ce jugement qui accorde
un délai de trois ans à un mari pour
s'affirmer.

C'était le triomphe de Rancurel.

Mais la dame Louise Serré n'entendit pas de cette oreille-là; elle
voulait plaider; elle ne paraissait
que trop certaine du peu de fond
qu'on pouvait faire sur les quarante-
sept ans de son variable époux. Elle
appela de la sentence de l'Official.

De là le Mémoire de Portalis.

Un chef-d'œuvre, — auquel malheureusement je n'ai pas pu faire autant d'emprunts que j'aurais voulu.

J'ignore comment finit ce procès. Peut-être ne finit-il pas, comme beaucoup de procès. On était à la veille de la Révolution, et le pays avait bien d'autre chats à fouetter que Rancurel.

Et pourtant, si on avait fouetté Rancurel?...

Ah!...

SUJETS DE COMÉDIES

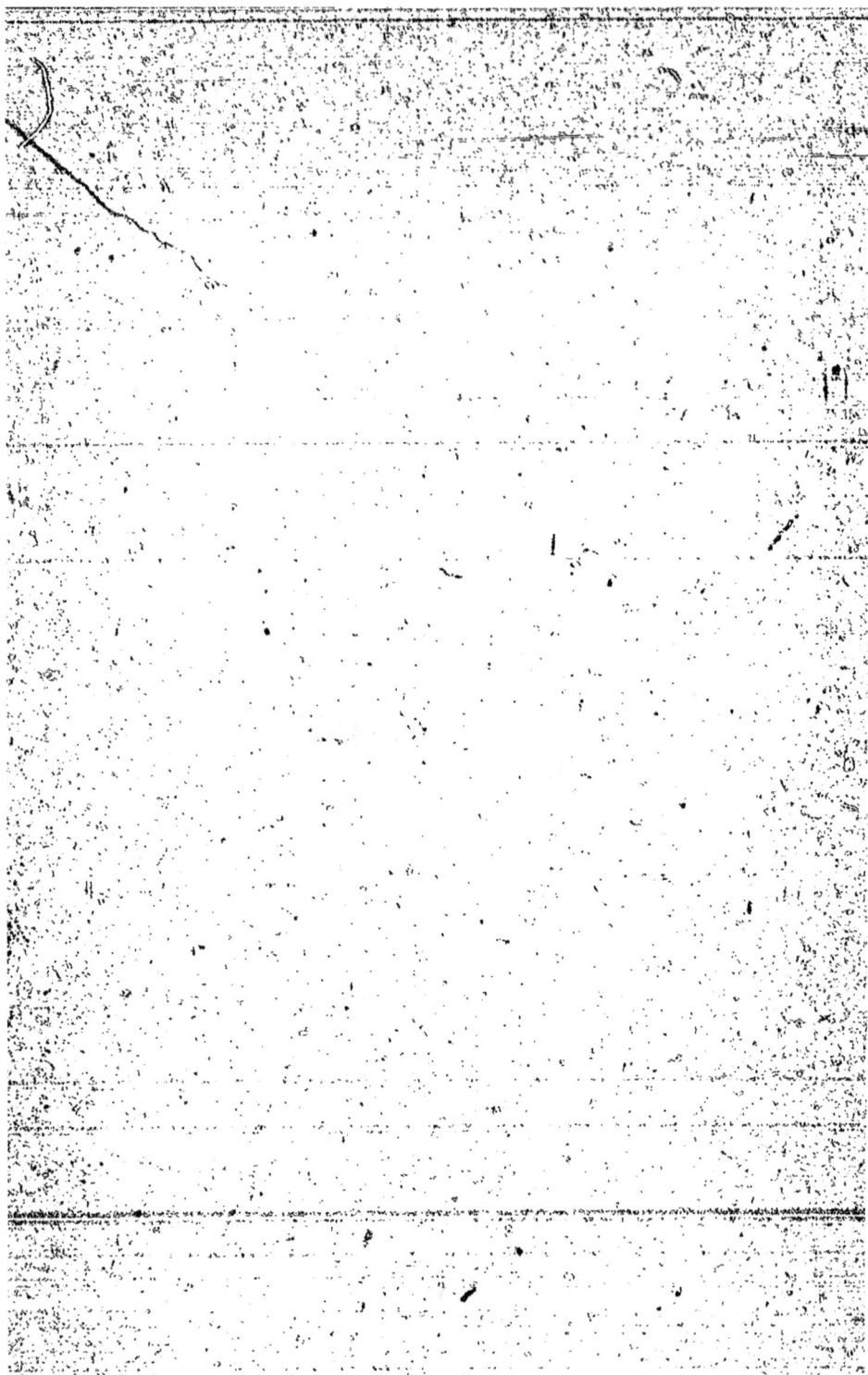

SUJETS DE COMÉDIES

Recherche de la paternité.

Un monsieur se présente un matin chez le beau Célimare.

Célimare se préparait à sortir.

— Que me voulez-vous ? demande Célimare à l'étranger.

— Monsieur, répond celui-ci, je vous prie de ne pas vous étonner de la profession que j'exerce : je suis *rechercheur de paternités.*

— Tiens! tiens!

— M. Célimare...

— Monsieur?

— Ne ressentez-vous rien depuis quelque temps... dans la région du cœur?

— Rien du tout.

— Quelque chose comme un remords!

— Un remords? non.

— Alors, je m'explique. Monsieur Célimare, je suis envoyé auprès de vous par la demoiselle Zoé-Angélique de la Verdurette.

— Ah bah! cette bonne la Verdurette!... Elle va bien?... Une charmante fille!

— Vous l'avouez?

— Parbleu! si je l'avoue!... Très gaie, à l'heure des écrevisses!

— Alors, qu'est-ce que vous comptez faire pour votre victime?

— Hein?

— La demoiselle Zoé-Angélique de la Verdurette se déclare enceinte de vos œuvres et réclame une indemnité pour son enfant à venir.

Célimare fixe sur le quidam un regard effaré.

Celui-ci continue :

— A moins que vous ne préfériez lui rendre l'honneur en l'épousant.

Mais Célimare s'est remis ; il va parfaire le nœud de sa cravate devant

une glace, et revenant au *rechercheur
de paternités*, il dit en souriant et en
lui posant une main sur l'épaule :

— Fumiste, va !

Puis, comme l'autre veut se rebif-
fer :

— Attendez, lui dit Célimare, je
vais vous donner une liste des
amants de Verdurette... Allez les
voir, en commençant par le fort de
Vincennes. Peut-être réussirez-vous
à trouver ce que vous cherchez.

* *

Le *rechercheur de paternités* juge
inutile d'aller aussi loin, et il se con-

tente d'entrer chez un gros commerçant du quartier du Sentier, qui lui a
été indiqué par sa cliente.

M. Félicien Hambleteuse, de la
maison Hambleteuse l'aîné, veuve
Fritot et Cie, se trouve précisément
dans son magasin.

Il devient très rouge en écoutant
la revendication de la demoiselle la
Verdurette.

Son antienne débitée, l'intermé-
diaire pose ses conclusions : le mariage ou des dommages-intérêts.

— Pour le mariage, répond M. Féli-
cien Hambleteuse, de la maison
Hambleteuse l'aîné, veuve Fritot et
Cie, pour le mariage, cela est impos-

sible, puisque je suis marié... Quant
aux dommages-intérêts, c'est plutôt
moi qui devrais en réclamer à ladite
demoiselle, car j'ai été effrontément
levé par elle au café des Ambassa-
deurs, ainsi que je peux en fournir la
preuve.

— Vous déplacez la question, dit
l'envoyé.

— Comment cela ?

— Il s'agit de savoir si vous êtes le
père de l'enfant, voilà tout ; la demoiselle Zoé-Angélique de la Verdurette
affirme que vous l'êtes.

— Voilà qui est fort... Quelle certi-
tude en a-t-elle ?

— Oh ! le cœur d'une mère ne se

trompe pas! s'écrie sentimentalement l'envoyé.

— Vous croyez cela! réplique le commerçant; eh bien, venez par ici...

Et il l'entraîne dans un coin retiré de son magasin, loin de ses commis. Puis il murmure mystérieusement quelques mots à son oreille; après quoi :

— Eh bien, fait-il.

On n'a jamais su ce que Félicien Hambleteuse avait confié au *rechercheur de paternités*, mais on entendit celui-ci balbutier :

— C'est différent...

Et on le vit sortir, la tête baissée.

Suite du précédent chapitre.

Au fort de Vincennes, le *recher-cheur de paternités* fait demander le capitaine Lorgnegrut.

— Mon capitaine... dit-il en saluant.

— Dépêchez, sacrebleu ! qu'est-ce que vous pouvez me vouloir ? je ne vous connais pas, moi !

— C'est vrai, capitaine, mais vous connaissez Mlle Verdurette.

— Verdurette ? Qu'est-ce que c'est que cela, sacrebleu ! une herbe des champs ?... Et qu'est-ce qu'elle fait,

votre demoiselle Verdurette-Ver-
duron ?

— Hélas! capitaine, elle pleure des
larmes bien amères sur votre abandon.

Le capitaine Lorgnegrut, qui allait
rouler une cigarette, s'arrête court.

— Qu'est-ce que vous me chantez
là, nom de D...! J'ai abandonné
Mlle Verdurette!

— Après avoir laissé dans son sein
un fruit de votre fatal amour.

— Un fruit? Ah ça! parlez-vous
kroumir, sacrebleu! Verdurette! Un
fruit! Mon abandon!... Fallait donc
apporter un démêloir !

— Cherchez bien, capitaine.

4.

— Que je cherche... où?... non de
D...!

— Dans vos souvenirs.

— Je n'ai pas de souvenirs!

— Cependant Mlle Verdurette est
bien certaine...

— Encore Verdurette! Vous f...-
vous de moi?... Attendez donc : un
petit pruneau... six pouces de jambes...
un signe quelque part, large comme
une pièce de cinq francs.

— Ah! vos entrailles ont parlé!

— C'est drôle! j'aurais cru qu'elle
s'appelait Antoinette.

— Non, Verdurette.

— J'entends bien. Êtes-vous content à présent, sacrebleu!

— Oui, certes, capitaine... et l'infortunée Verdurette sera bien contente aussi.

— De quoi?

— Des bonnes nouvelles que je m'en vais lui rapporter du père de son enfant.

Cette fois, le capitaine Lorgnegrut a compris.

— Ajoutez-y ce post-scriptum ! dit-il en lançant vigoureusement sa botte au derrière de son interlocuteur.

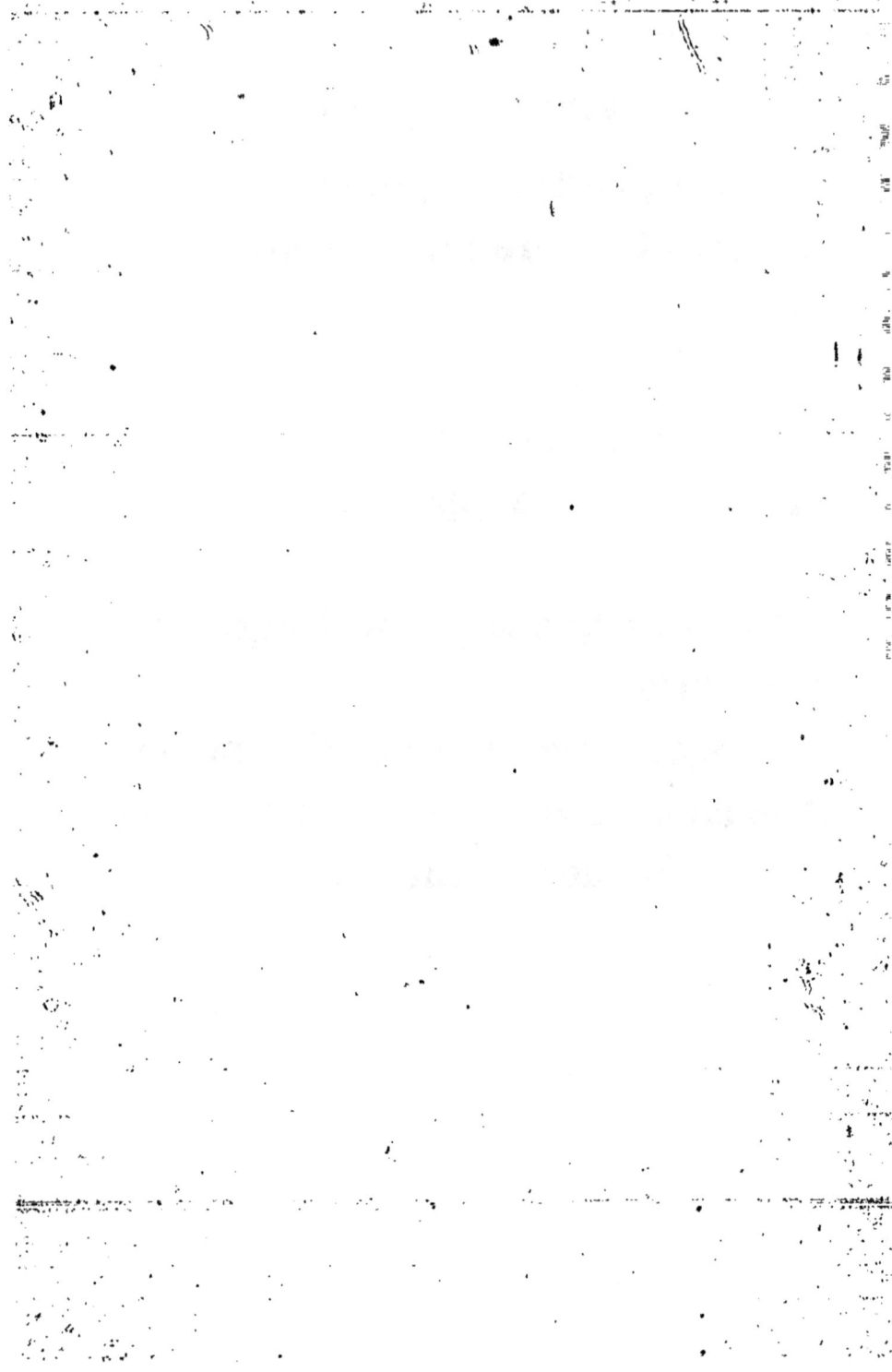

LE BARBIER THOMAS

LE BARBIER THOMAS

Et moi aussi j'ai une histoire de jésuite à raconter, mais une histoire absolument inoffensive et tournée vers le sens comique.

Thomas était barbier à Lunéville au temps où le roi Stanislas y tenait sa cour. Voyez comme cela commence bien. Thomas était un barbier obscur, mais dévoré de vanité.

s'était faufilé au château, et le hasard
aidant, il avait réussi à raser M. de
Voltaire, ce qui n'était pas un mince
mérite, car il n'existait pas au monde
de tête plus mobile que celle de l'auteur de la *Henriade*.

Mais ce succès passager ne suffisait pas à l'ambition du barbier Thomas. Tout homme a sa marmotte;
la sienne était de raser le père Menou, jésuite et confesseur du roi.
Au premier aspect, il semble que ce
désir n'eût rien d'exorbitant; mais
au second, c'était réellement une
grosse affaire, le père Menou ne lais-
sant pas approcher facilement de son
sacré menton.

Thomas ne savait comment s'y prendre pour arriver à son but. Il avait remarqué un petit marmiton de quinze à seize ans, qui lui avait paru être dans les bonnes grâces du jésuite. Il n'y a pas de petits intermédiaires pour les ambitieux. Ce fut par ce marmiton qu'il tenta de faire agréer ses services au père Menou.

— Ah! Petit Pierre! lui disait-il quelquefois, si jamais tu m'obtiens la pratique du bon père, je te promets de te raser gratis pendant toute ta vie... lorsque ta barbe aura poussé!

A quelques jours de là, le jeune marmiton devait se souvenir des bonnes dispositions du barbier. Il se présentait dans sa boutique, les traits décomposés, le visage en pleurs.

— Ah! monsieur Thomas, lui disait-il, ayez pitié de moi, je vous en prie! Je suis perdu.

— Qu'y a-t-il donc mon enfant? Remets-toi et parle. Je suis tout à ton service.

—Monsieur Thomas, le cuisinier en chef, mon patron, m'a donné à échauder un cochon de lait, un cochon qui lui a été demandé par le roi lui-même et qui figure sur l'état du dîner de ce soir...

Le *menu* s'appelait alors l'*état du dîner*.

— Eh bien, mon garçon, dit le barbier, un cochon de lait à échauder, ce n'est pas bien difficile.

Vous croyez cela, vous, monsieur Thomas, et c'est ce qui vous trompe... J'ai laissé par mégarde tomber mon cochon dans l'eau bouillante, où il s'est tellement crispé que je n'en puis plus détacher un seul poil.

— Diable !

— Si vous ne venez à mon aide, je suis perdu... chassé !

— Et qu'est-ce que je puis faire pour toi dans ce cas, mon garçon ? demanda le barbier avec étonnement.

— Eh bien, monsieur Thomas, il faudrait me le raser.

— Raser un cochon ? tu n'y penses pas ! Déshonorer mon instrument !

— Ecoutez... si vous voulez bien consentir à raser le cochon, je m'engage à vous faire raser le jésuite.

— Le père Menou ?

— Je vous le promets.

— Hé ! hé ! est-ce bien sûr ? Ne te vantes-tu pas ?

— Quand je vous le dis !

Le barbier Thomas regarda bien entre les deux yeux Petit Pierre et, confiant dans son assurance :

— Allons, conduis-moi à ta cuisine.

Le cochon fut apporté. On s'enferma, car le barbier craignait le ri-

dicule. Ce fut un travail assez mal-
aisé. Il fallut savonner le cochon à
plusieurs reprises. Enfin, Thomas
s'en tira à son honneur.

Petit Pierre ne se possédait pas de
joie.

— A présent, dit le barbier, il s'a-
git de tenir ta parole.

— Soyez tranquille ; vous n'avez
qu'à vous présenter demain matin, à
neuf heures, chez le père Menou,
avec votre trousse.

Il fallait, en effet, que le crédit du
petit drôle fût bien puissant, puisque
le lendemain le barbier fut admis
sans difficulté auprès du père Menou.
Il eut l'honneur de travailler sur

cette peau fameuse comme il avait travaillé sur celle du goret. Sa main tremblait, mais c'était de plaisir.

Cependant le jésuite remuait le nez et semblait humer l'air par intervalles.

— Qu'avez-vous, mon père ? lui demanda le babier.

— Votre rasoir ?...

— Eh bien, mon rasoir...

— On dirait qu'il a de l'odeur.

Le barbier pâlit et redoubla de dextérité. On fut tellement content de lui qu'on lui dit de revenir. Malgré cela, son triomphe ne fut pas de longue durée. Un ennemi du petit marmiton, à qui celui-ci avait eu l'imprudence de se confier, divulgua l'aventure, qui divertit toute la cour et qui arriva même jusqu'aux oreilles du bon roi Stanislas, égayé.

Le jésuite, furieux, fit consigner à sa porte le barbier Thomas et renvoya Petit Pierre des cuisines du château.

Cela se passait en 1761.

Je suis prêt, pour peu qu'on l'exige, à fournir toutes les preuves de l'authenticité de cette historiette.

TABLE

—

Imprimerie de Poissy. — S. Lejay et Cie.

L. BOULANGER, éditeur, 60, B^d Montparnasse, Paris

10 CENTIMES LE VOLUME

LE LIVRE POUR TOUS

150 VOLUMES

1. Hygiène : La santé.
2. Médecine : Les maladies et les remèdes.
3. Science : La photographie.
4. Littérature : La littérature française.
5. Géographie : L'Afrique française.
6. Armée : Le service militaire.
7. Science : L'astronomie.
8. Histoire ; Histoire romaine.
9. Horticulture : Les fleurs.
10. Travaux manuels : La couture.
11. Hygiène : Les falsifications. Aliments.
12. Hygiène : Les falsifications. Boissons.
13. Armée : Les écoles militaires. Saint-Cyr.
14. Finances : Les douanes.
15. Enseignement : Grammaire anglaise.
16. Médecine : Anatomie et physiologie. Appareil digestif.
17. Économie sociale : Les impôts.

L. BOULANGER, éditeur, 90, Bᵈ Montparnasse, Paris

L. BOULANGER, éditeur, 90, Bᵈ Montparnasse, Paris

L. BOULANGER, éditeur, 90, bd Montparnasse, Paris

62. Médecine : La rage et l'Institut Pasteur.
63. Armée : Les fusils à répétition.
64. Science : Les tremblements de terre.
65. Armée : Les projectiles.
66. Science : Les ballons dirigeables.
67. Armée ; Les mitrailleuses.
68. Science : L'électricité au théâtre.
69. Industrie : Le canal de Suez.
70. Industrie : Les aiguilles.
71. Armée : Les canons.
72. Industrie : Les locomotives.
73. Science : La lumière électrique.
74. Industrie : Les mines.
75. Viticulture : Le phylloxera.
76. Industrie : Le tissage de la soie.
77. Grandes écoles : La manufacture de Sèvres.
78. Hygiène : L'alcool.
79. Grandes écoles : Les Gobelins.
80. Beaux-Arts : Les faïences anciennes.
81. Littérature : Victor Hugo. A travers son
    œuvre.
82. Industrie : Les tissus façonnés.
83. Littérature : Molière. Les Précieuses ridi-
    cules.
84.   —   Molière. Le Tartufe, tome I

85. Littérature : Molière. Le Tartufe, tome II.
86. Industrie : Les alcools, tome I.
87.   —   Les alcools, tome II.
88.   —   La bougie.
89. Arts et Métiers : La gravure, tome I.
90.   —   La gravure, tome II.
91. Littérature : Beaumarchais. Le Barbier de
                      Séville, I.
92.   —   Beaumarchais. Le Barbier de
                      Séville, II.
93.   —   Molière. L'école des maris.
94.   —   Hégésippe Moreau. Contes.
95. Science : Les moteurs à gaz.
96.   —   Les premiers ballons.
97.   —   La direction des ballons.
98. Science : Les piles électriques, tome I.
99.   —   Les piles électriques, tome II.
100. Littérature : La Fontaine : Fables choisies.
101. Politique : J.-J. Rousseau. Le contrat social.
102.   —   Mirabeau. Opinions et discours.
103. Physique : Les machines électriques, tome I.
104.   —   Les machines électriques, tome II.
105. Littérature : Danton. Discours.
106.   —   Désaugiers. Chansons.
107. Science : Les moteurs hydrauliques, tome I.

108. Science : Les moteurs hydrauliques, tome II.
109. Littérature : Racine. Les Plaideurs.
110.   —   Voltaire. Candide, tome I.
111.   —   Voltaire. Candide, tome II.
112.   —   J.-J. Rousseau. L'enfance.
113.   —   Diderot. Ceci n'est pas un conte.
114.   —   Thiers. Le 18 mars.
115.   —   Barbès. Deux jours de condamnation.
116.   —   Diderot. Les deux moines.
117.   —   Beaumarchais. Le Mariage de Figaro, tome I.
118.   —   Beaumarchais. Le Mariage de Figaro, tome II.
119.   —   Beaumarchais. Le Mariage de Figaro, tome III.
120.   —   Lamenais. Le livre du peuple.
121.   —   X. de Maistre. La jeune Sibérienne, tome I.
122.   —   X. de Maistre. La jeune Sibérienne, tome II.
123.   —   Longus. Daphnis et Chloé, tome I.
124.   —   Longus. Daphnis et Chloé, tome II.

125. Littérature : Longus. Daphnis et Chloé, tome III.

126. — Voltaire. Poésies.

127. — Corneille. Le menteur, tome I.

128. — Corneille. Le menteur, tome II.

129. — Rabelais. Gargantua, tome I.

130. — Rabelais. Gargantua, tome II.

131. — Rabelais. Gargantua, tome III.

132. — Camille Desmoulins. La lanterne.

133. — Carnot. La Révolution française.

134. Cuisine : Les potages.

135. Economie sociale : La maison et son mobilier.

136. Histoire : Hoche, par Tony Révillon.

137. Politique : Affaire Baudin, plaidoyer de Gambetta.

138. Cuisine : Les sauces.

139. — Les légumes.

140. Travaux manuels : Le filet.

141. Histoire : Paris en 1789, par Mercier.

142. Economie domestique : Les ustensiles de cuisine.

143. Travaux manuels : Broderie, tome I.

144. — Broderie, tome II.

L. BOULANGER, éditeur, 60, Bd Montparnasse, Paris.

LISTE DES VOLUMES

Le port de chaque volume isolé est de 10 centimes.

Imprimerie de Poissy. — S. LEJAY et Cᵉ

Contraste insuffisant ou différent, mauvaise qualité d'impression

Under-contrast or different, bad printing quality

Texte manquant ou pris dans la reliure; reliure trop serrée

Missing text or text caught in the book-binding; too tight book-binding

www.ingramcontent.com/pod-product-compliance
Lightning Source LLC
Chambersburg PA
CBHW052115090426
42741CB00009B/1825